Lk 1085.

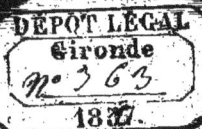

UNE JOURNÉE

DE

PRINTEMPS

A LA CAMPAGNE.

BORDEAUX.
IMPRIMERIE DE TH. LAFARGUE, LIBRAIRE,
RUE PUITS DE BAGNE-CAP, 8.

1857.

UNE JOURNÉE

DE

PRINTEMPS

A LA CAMPAGNE.

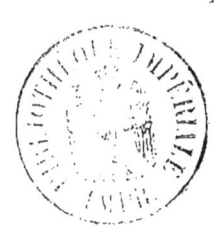

BORDEAUX.
IMPRIMERIE DE TH. LAFARGUE, LIBRAIRE,
RUE PUITS DE BAGNE-CAP, 8.

1857.

# UNE JOURNÉE

DE PRINTEMPS

A LA CAMPAGNE.

18 MAI 1851.

Un beau jour de printemps, quand toute la nature
Exhale ses parfums et revêt sa parure ;
Quand le chantre des bois fait retentir les airs ;
Quand, dans chaque buisson, l'on entend des concerts ;
Quand la vie en tous lieux révèle sa présence ;
Quand l'hiver qui s'enfuit fait naître l'espérance ;
    Au fond d'un char numéroté,
    Par un seul cheval emporté,
Deux amis se rendaient dans le plus frais côtage
Que puisse offrir Bordeaux dans tout son voisinage.

La superbe cité disparaît à leurs yeux ;
Ils jouissent enfin de la terre et des cieux,
Respirent à longs traits l'air pur de nos campagnes,
Et voient à l'horizon se dresser les montagnes.
Oh ! pour le citadin, quel spectacle enchanteur !
La créature alors remonte au Créateur !
L'univers est pour lui comme un immense temple,
Où Dieu réside, afin que l'homme le contemple.

Déjà la blanche église de Talence nous montre son solide et élégant vaisseau, qui n'a rien à redouter des injures du temps, comme l'éphémère édifice qu'elle remplace avec tant d'avantages. En passant sur le pont de Talence, l'œil ravi aperçoit à gauche la riche villa Péchotte, et à droite le verdoyant côtage Gaden. Plus loin, des arbres taillés en colonnes d'ordre dorique nous annoncent l'antique villa Raba. A ce nom, quel est l'homme de quarante ans qui ne sent raviver ses souvenirs d'enfance ? qui ne se rappelle y avoir vu dans toute leur fraîcheur native : *la Meunière et son Moulin*, *l'Enfant prodigue*, et surtout *Nina la folle par amour ?* Mais, pour décrire tous les plaisirs du premier âge que renfermait cet agréable séjour, il faudrait des volumes ; or, notre locomotive, qui, dans cet instant, va à fond de train, nous laisse à peine le temps de compter les colonnes du péristyle de verdure. Enfin, l'église de Gradignan, nous offrant la haute flèche de son élégant clocher, nous avertit que nous touchons au but de notre voyage. Ici, la route se resserre, et, sur un pont, nous traversons un ruisseau d'eau vive, qui, se bifurquant dans la prairie, forme des îles couvertes d'une luxuriante végétation. Nous passons au milieu des ruines du gothique prieuré de Gayac ; celles qu'on voit à droite sont parfaitement conservées : on y admire les quatre tourelles qui flanquent les angles du principal bâtiment, et surtout la porte d'entrée, dont l'ogive terminée en trèfle, et les légères colonnettes qui la supportent, annoncent le style du Moyen-Age ; celles qu'on trouve à gauche, et dont on a fait une verrerie, sont déjà tellement enfumées, qu'elles ont perdu leur couleur antique. Nous entrons dans l'avenue de platanes du côtage P........ La perspective en est terminée par un vieux mur que semblent soutenir les pampres nerveux d'une vigne vierge qui le recouvre de son épais feuillage. La voiture tourne brusquement à droite, puis à gauche.

Elle s'est arrêtée en face d'une tour
Dont les nombreux créneaux qui couronnent le faîte,
Dessinent dans le ciel leur sombre silhouette.
Le dogue nous annonce, en hurlant dans la cour ;
Mais le nain ne vient plus, du haut de la tourelle,
Faire entendre le son du cor, à la voix grêle ;

Tout l'attirail guerrier qu'on y voyait jadis,
A disparu : fossés, bastions, pont-levis;
Par cette seule tour le manoir se révèle.
La barrière est ouverte : un obligeant laquais,
A travers une cour, nous conduit au palais.
De l'illustre Louis, que Bordeaux idolâtre,
Pour nous avoir doté d'un superbe théâtre,
On reconnaît partout le style toujours pur;
Ses profils ont écrit son nom sur chaque mur.
Sur le vaste perron que protége une tente,
La dame de ces lieux aussitôt se présente;
Le temps, qui détruit tout, respecte sa beauté;
Elle est grande, et son port est plein de majesté.
On dirait qu'à la Cour elle a passé sa vie;
De nos dames jadis, elle excita l'envie.
Lorsque notre Duchesse[1] entrait dans son salon,
La belle P........ était son chaperon.
Veuve depuis longtemps, possédant la richesse,
Elle sème partout l'aumône avec largesse :
Quand on cherche le pauvre, on le trouve toujours.
A faire des heureux ainsi passant ses jours,
Ses héritiers sont ceux qu'opprime la misère :
Voilà les seuls enfants de cette bonne mère.

[1] Mme la Duchesse d'Angoulême.

Non-seulement Mme P........ fait l'aumône à ceux qui tendent la main, mais sa charité intelligente soulage régulièrement un grand nombre de pauvres honteux, qui la regardent, à juste titre, comme leur seconde providence. Ah! s'il était permis de faire connaître tous les moyens ingénieux que Mme P........ sait imaginer pour soulager la misère qui se cache, les heureux du siècle y trouveraient un exemple à suivre, et les pauvres y puiseraient l'espoir de n'être jamais abandonnés des riches.

Mme P........ a conservé tout le train de maison de feu son mari, ancien consul général de Suède et fondateur d'une puissante maison de commerce à Bordeaux, où, après avoir passé par toute la hiérarchie commerciale, il n'a laissé que d'honorables souvenirs.

Mme P........ voulut bien nous servir de cicerone dans la visite de son beau domaine.

Vis-à-vis le perron, le vaste pays que l'on découvre est peu boisé, sans accident de terrain, clair-semé d'habitations; mais les prairies sont peuplées de nombreux bestiaux; enfin, on se croirait transporté dans les gras pâturages de la Hollande : c'est *l'utile* qui fait si bien contraste avec *l'agréable* dont il va être question du côté opposé.

Pour aller du perron à la terrasse, on traverse le corps principal du bâtiment, en passant par le vestibule d'entrée et la salle de billard. De la terrasse, l'œil ravi aperçoit, à l'extrémité d'un immense horizon, les coteaux de Bouilliac, Floirac, Cenon et Lormont, couronnés d'églises, de châteaux et de maisons de plaisance. Plus près, des vues ménagées avec art, entre les massifs de verdure du jardin anglais, montrent en perspective le riant village de Gradignan, dont les maisons sont groupées autour de la blanche église, ainsi qu'un troupeau autour de son pasteur. De la salle de billard, qui ressemble à un temple grec surmonté d'un dôme aérien, orné de vases antiques de granit de la Finlande, on arrive à un splendide salon de compagnie. C'est un véritable musée où tout est réuni pour le plaisir des sens et de l'esprit; tous les beaux-arts semblent s'y être donné rendez-vous : on y voit un piano, de petites bibliothèques dont les rayons plient sous les éditions illustrées des chefs-d'œuvre de la littérature ancienne et moderne, des statuettes, des mosaïques, des tableaux, des gravures, des objets de curiosité d'un très-grand prix, des fleurs aux couleurs et aux parfums les plus variés; enfin, tout ce que le bon goût disposant de la richesse, peut demander aux grands artistes.

Après quelques instants de repos, nous suivîmes notre gracieuse cicerone dans les allées sinueuses du jardin anglais, où elle eut soin de nous faire admirer les arbres et les arbustes couverts de verdure et de fleurs, dont la vigoureuse végétation naturelle n'avait jamais été mutilée par les caprices du jardinier. Toutes ces plantations sont d'autant plus précieuses pour Mme P......., qu'elle peut dire avec vérité, en montrant chaque arbre :

Je l'ai planté, je l'ai vu naître.

Elle peut ajouter qu'elle n'a cessé de leur prodiguer les soins les plus intelligents jusqu'au moment où ils ont pu se passer de cette bonne mère, qui sait l'âge, le nom, les qualités et les défauts des myriades d'enfants qui composent sa nombreuse famille végétale.

Après bien des détours dans le jardin anglais, nous arrivâmes, sans nous en douter, aux bords de deux grandes pièces d'eau vive qui sont séparées par une digue, au moyen de laquelle il est plus facile de régler leur niveau. Une légère et solide nacelle semble vous engager à faire un tour de promenade sur *la plaine liquide;* mais ce jour-là elle n'eut pas de passager, faute de rameurs apparemment. Une maison rustique limite le second bassin. Elle a la forme d'un carré parfait qui semble se tenir en équilibre sur la terre par le sommet d'un de ses angles, et dont la porte fantastique est le plus grand cercle qu'on puisse y inscrire. De prime-abord on croit rêver, tant cette construction paraît bizarre ; et ce n'est qu'après quelques minutes qu'on s'aperçoit que c'est un effet d'optique. La maison est tout simplement un triangle rectangle isocèle dont l'hypothénuse sert de seuil à la porte, formée par un demi-cercle. Ce triangle réfléchi dans les eaux, double son image et devient un carré parfait. Sous la maison rustique, le tropplein des bassins s'élance, hors du domaine, en bruyante cascade.

Après avoir admiré ces belles nappes d'eau, on désire remonter à la source qui les alimente : Mme P........ attendait que ce désir fût manifesté pour le satisfaire. Elle nous y conduisit en nous faisant parcourir une partie du parc, et nous vîmes sous un rocher sourdre l'eau limpide et fraîche, qui s'en échappe à gros bouillons, pour aller ensuite, par divers canaux, alimenter les viviers.

Il fallait traverser un de ces canaux sur un pont rustique pour entrer dans le jardin potager. Après avoir admiré les arbres fruitiers s'élevant en pyramide et d'autres s'irradiant en espalier, les fraises de tous les mois, au doux parfum et à la couleur vermeille, la porte de la serre s'ouvrit devant nous. Elle réunit toutes les séductions qu'on peut offrir aux sens de la vue et de l'odorat ; mais, pour ne pas faire ici le riche catalogue de toutes les plantes rares et curieuses qu'elle renferme, nous ne citerons que deux collections auxquelles il ne manque pas un seul sujet : les *Calcéolairias* inodores et les odorants *Gardanias*.

La société rentra en passant devant la basse-cour, où chacun jeta un coup-d'œil sur la gent volatile. C'était le moment où elle recevait le dernier repas du jour : curée véritable où la raison du plus fort, bien que la meilleure, comme partout, ne pouvait empêcher la ruse de prendre une bonne part.

Mme veuve B.... Von H...., sœur aînée de Mme P......, était restée au salon, parce que l'air trop vif de la campagne aurait pu fatiguer sa santé délicate.

On ne tarda pas à annoncer M. et Mme P......., M. G......, enfin, Mme M....... Cette dernière visite fut une agréable surprise, ménagée par Mme P........ aux deux amis, qui ne connaissaient pas Mme M...... au même titre : le plus jeune, en effet, spirituel journaliste de Bordeaux, était admis depuis longtemps dans ses salons, tandis que l'autre, marchand de bois de cette ville, devait y être bientôt présenté.

Après quelques instants de repos, toute la société fit une seconde promenade dans le domaine, où les invités trouvèrent l'occasion favorable de faire une plus ample connaissance. Mme M...... y fut d'une amabilité remarquable.

Pour faire le portrait de Madame M......,
Il faut être à la fois, acteur, peintre et poète,
Des plus belles couleurs enrichir sa palette,
Être habile à tenir la plume et le pinceau,
Interpréter Corneille, et Racine, et Boileau.
N'ayant de ces talents qu'une légère esquisse,
Ébauchons ce portrait; qu'un maître le finisse.
Elle reçut le jour du sublime Lafon,
Émule de Talma, tragédien profond;
Il n'eut point de rival dans les héros d'Eschille :
La beauté, le talent, peuvent seuls rendre Achille,
Et l'amoureux Tancrède, aux tragiques douleurs.
Zaïre, vous pleurez? ces mots brisaient les cœurs,
Quand Lafon les disait. Aux leçons d'un tel maître,
Sa fille fut bientôt ce qu'elle devait être :
Aussi la voyons-nous, le soir dans son salon,
Imiter tour-à-tour les neufs sœurs d'Apollon.
Elle joue à ravir la haute comédie ;
Elle sait encor mieux rendre la tragédie :
Elle y déploie enfin, pleine de majesté,
Son immense talent, sa splendide beauté.
Des poètes du jour que le monde révère,
Lamartine est celui qu'à tous elle préfère ;
Elle sait tous ses vers, et tel est son débit,
Qu'elle semble les faire alors qu'elle les dit :

Cela ne surprend pas : elle-même est poète ;
Lamartine aurait-il un plus digne interprète ?
Elle a traduit en vers Shakspeare, lord Byron,
Goëthe, Schiller, Klopstock, le Tasse et Caldéron.
Elle tient le pinceau comme elle tient la lyre,
Et peint ce que la muse est impuissante à dire.
Elle a des aperçus sur chaque question,
Sait l'art d'entretenir la conversation ;
On ne peut l'écouter sans aimer sa doctrine ;
Elle instruit, elle charme, elle plaît : c'est Corinne.

A six heures, le dîner fut servi. Il était composé de trois services, où les mets les plus recherchés figuraient en abondance, dans un ordre admirable, ainsi que les meilleurs vins blancs et rouges du département. Mme P...... en fit les honneurs avec cette bienveillance gracieuse qui la caractérise.

Pendant près de deux heures que l'on resta à table, le journaliste amusa les convives par une foule d'anecdotes aussi spirituelles qu'intéressantes.

A Bordeaux, de l'ancien parti légitimiste,
C'est *le fluet atlas,* c'est l'ardent journaliste.
  A la *chevaleresque humeur*
   Du gentilhomme plein d'honneur,
Il joint la fantaisie et l'esprit artistique.
   Il est né batailleur.

Fait rage de la polémique.
Ses jambes, qu'à la course un cerf ne suivrait pas,
Sur la vîtesse de sa plume,
Qui pourrait chaque jour enfanter un volume,
Seules ont obtenu le pas.
Comme l'éclair qui sillonne les nues,
Sans jamais s'arrêter, il traverse les rues ;
Il pense en écrivant,
Il écrit en courant ;
Du fait local passe à la politique,
Sans laisser au milieu
L'épaisseur d'une plume ou celle d'un cheveu ;
Car, du même bec métallique
Dont il défend notre *ordre social,*
Il attaque sans cesse, en style original,
Telle tuile qui tombe et tel mur qui s'écroule,
Et tel dogue qui mord, taquiné par la foule.
Sous un extérieur doux, poli, mais sans fard,
Il cache une nature éminemment fusible,
Que révèle d'ailleurs l'éclair de son regard.
N'approchez pas le feu de cet homme explosible,
Il partirait ainsi qu'un mousqueton,
Car c'est de la poudre-coton [1].

[1] Voir *les Bordelais* en 1845, 7ᵉ édition, page 73.

De la salle à manger on passa dans le salon de compagnie, où Mme P........ servit, à tous les convives, le café et la liqueur.

Ensuite Mme P........ invita Mme M...... à nous dire des poésies. Mme M...... déclama, avec le talent que chacun lui connaît, *le Désespoir*, et *la Providence à l'Homme*, de Lamartine.

A la demande générale, elle fit connaître une de ses satires, où elle peint, avec un si rare bonheur de pensées et d'expressions, les mœurs de nos lions de vingt ans, et l'abandon auquel ils condamnent les femmes qui, jadis, donnèrent tant d'éclat à la galanterie française. Elle engage la plus belle moitié du genre humain à former une vaste conspiration pour ramener l'autre moitié à ses pieds. Si Mme M...... est bien secondée, elle réussira à coup-sûr.

Le journaliste lui succéda, et fit connaître différentes pièces de vers qui dénotent chez leur auteur autant de facilité poétique que d'esprit.

Le marchand de bois, qui, dans ses moments de loisir, travaille le vers, vint à son tour. Il lut son épître sur le *Progrès*, adressée à M***. Ces rimes ont eu le mérite de lui faire obtenir deux fables d'un noble poète, et de plus, ce qui n'est pas à dédaigner quand on fait le commerce, la fourniture des bois pour le manoir et les vignobles de ce puissant seigneur.

Mme M...... termina la séance par quelques strophes, où elle démontre que le mot *raison*, qui exprime par lui-même une idée vraie, a presque toujours servi à égarer le bon sens des masses et à faire des dupes, qu'il faut, pour gouverner les hommes, au lieu de la raison, dont se targue l'orgueil des philosophes, l'autorité qui vient de Dieu, et qui, pour cela, est infaillible. Bien que plusieurs auditeurs fussent rationalistes, nous avouons que Mme M...... a ébranlé un peu leur conviction. Une belle femme qui parle religion dans la langue des dieux, est bien faite pour séduire son auditoire.

A minuit, les convives, après avoir remercié Mme P....... de son aimable accueil, remontèrent dans leur voiture, en pensant à cette journée de campagne, dont ces lignes n'ont d'autre but que de conserver l'agréable souvenir.

G. DE LA PLANCHE.

www.ingramcontent.com/pod-product-compliance
Lightning Source LLC
Chambersburg PA
CBHW070528050426
42451CB00013B/2904